Maria Shriver

Mamá, ¿qué es el Cielo?

Ilustraciones de Sandra Speidel

salamandra

Agradecimientos

En primer lugar, les estoy muy agradecida a mis hijas, Katherine y Christina,
por hacer las preguntas que inspiraron este libro y por ayudarme a contestarlas.
También quiero dar las gracias a Jan Miller, Bob Asahina, Julia Paige, Ellen Jacob,
Cassie Jones and Teri Hess, cuya gran intuición me ayudó a centrarme.
Se lo agradezco de todo corazón. Y a Sandra Speidel: tus ilustraciones
trajeron al mundo *Mamá, ¿qué es el cielo?* Gracias por creer en este libro.

Título original: *What's Heaven*

Traducción: Arantxa Mellado Bataller

Text Copyright © Maria Shriver, 1999
Illustrations Copyright © Sandra Speidel, 1999
Original Publisher of the Work: St. Martin's Press, LLC
Copyright © Ediciones Salamandra, 2000

Publicaciones y Ediciones Salamandra, S.A.
Mallorca, 237 - 08008 Barcelona - Tel. 93 215 11 99

ISBN: 84-7888-608-7
Depósito legal: B-45.860-2000

Printed in Spain

Impresión: Fàbrica Gràfica, Arquímedes, 19
Sant Adrià de Besòs, Barcelona

A mis hijos, Katherine, Christina, Patrick y Christopher:
Sois la alegría de mi vida; os amo profundamente.
A mi marido, Arnold, que me animó a perseguir mis sueños.
A mis padres, Eunice y Sargent Shriver, que siempre me dijeron
que sería capaz de ser y hacer todo lo que quisiera. Y a mi abuela,
Rose Fitzgerald Kennedy, cuya vida me inspiró y cuya muerte
originó todas estas preguntas. Siempre te agradeceré
tu vida, tu amor y tu sabiduría.
—XOXO Maria

A mi madre, Lily Ann Speidel.
—S.S

Érase una vez una niña llamada Kate. Tenía unos hermosos ojos que chispeaban cuando hablaba, y una larga melena castaña le enmarcaba el rostro. A Kate le gustaba hacer preguntas. Quería saberlo todo, y cada respuesta que lograba le inspiraba otra pregunta. Un día, al volver del colegio, Kate encontró a su madre muy triste.

—Mamá, ¿por qué estás tan triste? —preguntó Kate.

—Mi abuela, tu bisabuela, ha muerto y se ha ido al Cielo —contestó su madre después de mirarla en silencio.

Kate meditó esta respuesta un momento.

—¿Al Cielo? ¿Y qué es el Cielo? —volvió a preguntar.

—El Cielo es un hermoso lugar que está por encima de las nubes, donde no existe la enfermedad y donde nadie es pobre ni desgraciado —respondió la madre de Kate—. Es un lugar más allá de la luna, las estrellas y las nubes. El Cielo es adonde vamos cuando nos morimos.

—¡Oh! —exclamó Kate—. ¿Es adonde fue nuestra perra *Shamrock* cuando se murió? ¿Y también el gato de Karen, y el pájaro de Bobby?

La madre de Kate asintió.

—¿Recuerdas cómo te sentiste cuando *Shamrock* murió? Estabas muy triste, porque sabías que la ibas a echar de menos. Pues cuando una persona querida muere, sentimos algo parecido. Te duele en lo más hondo, ya que te das cuenta de que nunca más la volverás a ver. Por eso esta mañana, cuando me he enterado de que mi abuela había muerto, he llorado mucho; porque la echaré de menos. Pero sé que la bisabuela está a salvo en el Cielo, y eso me consuela.

—¿La bisabuela está en el mismo Cielo que *Shamrock*, o hay un Cielo para los animales y otro para las personas? —preguntó Kate. Pero, antes de que su madre le contestara, ella misma encontró la respuesta—. Creo que existe **un Cielo de los animales y un Cielo de las personas,** y que una pequeña verja blanca los separa. Durante el día, la gente y los animales juegan juntos cuando quieren; pero, por la noche, los animales vuelven al Cielo de los animales, y la gente, al Cielo de las personas.

Kate fue a su habitación y cogió una muñeca. Luego, salió de la casa y se sentó en los escalones del porche, y, entornando los ojos con fuerza, miró al Cielo. En ese momento, su madre se acercó a ella y le preguntó qué estaba haciendo.

—Si el Cielo está ahí arriba, ¿cómo es que no puedo verlo? —preguntó Kate.

La madre de Kate se sentó junto a ella y se quedó un momento pensativa.

—El Cielo no es algo que se pueda ver —le explicó—. **Es un lugar en el que crees.** Yo me lo imagino como un sitio muy bonito, donde te puedes sentar en nubes blandas a charlar con las demás personas que allí viven. Y por la noche, acurrucarte junto a las estrellas, que en el Cielo son más brillantes que en cualquier otro rincón del universo. Todo el mundo es feliz en el Cielo, pues es un lugar pacífico donde Dios los amará siempre.

Kate se dio unos golpecitos en la barbilla con el dedo.

—Quisiera saber si en el Cielo se usa ropa. Seguro que llevan preciosos trajes ondulantes, como los ángeles.

—La verdad, Kate, nunca lo había pensado —dijo su madre—, pero estoy convencida de que tienes razón.

—¿Y todo el mundo va al Cielo? —preguntó Kate.

—Creo que van al Cielo los que han sido buenos durante toda su vida. Aunque no todo el mundo entiende el Cielo de la misma manera, e, incluso, le dan nombres diferentes.

—Mamá, ¿cómo se llega al Cielo? —preguntó Kate después de guardar silencio durante unos minutos.

—Verás —contestó su madre—, cuando tu vida se acaba aquí, en la tierra, Dios envía a sus ángeles para que te suban al Cielo y puedas estar con él.

—¿Y los ángeles te cogen, atraviesan contigo el techo y suben por el Cielo? —preguntó Kate.

—Como ya sabes —respondió la madre—, hay muchas cosas que desconocemos del Cielo, pero creo que, cuando una persona muere, los ángeles vienen y se llevan su alma, y dejan el cuerpo aquí.

—¿El alma? —las cejas de Kate se juntaron sobre la nariz en una línea que denotaba extrañeza.

—Cierra los ojos —le dijo su madre—. Dime qué piensas cuando te acuerdas de *Shamrock*.

—Recuerdo que le gustaba jugar y lamerme la cara —respondió Kate.

—El alma de *Shamrock* estaba formada por todo aquello que no podemos ver, como ser cariñosa y juguetona. Y lo mismo sucede con el alma de las personas. Cuando cierro los ojos y pienso en tu bisabuela, recuerdo que era amable, cariñosa y generosa. ¿Te acuerdas de cómo le gustaba estar contigo y que le contaras tus cosas? Todo eso conforma su alma.

Kate, sus padres, su hermanito Mark y su hermana de cuatro años, Emma, fueron a casa de la bisabuela. En el coche, **Kate pensó en lo que su madre le había contado.** Cuando llegó a casa de la bisabuela, muchos de sus primos ya estaban jugando en el patio. Kate saltó del coche, y abrazó y saludó a su familia. Su primo mayor se llamaba Bobby. Tenía ocho años y conocía las respuestas a todas las preguntas que Kate le hacía. Ella estaba impaciente por hablar con Bobby sobre el Cielo.

—¿Sabes que la bisabuela está en el Cielo con nuestra perra *Shamrock*? —dijo Kate a su primo.

—Sí —respondió Bobby—. Por eso estamos aquí. Vamos a ir a su funeral.

—¿Qué es un funeral? —preguntó Kate.

Bobby se sentó junto a ella en los columpios.

—Meterán el cuerpo de la bisabuela en una caja de madera y lo enterrarán —le explicó Bobby mientras se columpiaban.

Kate frunció el entrecejo.

—¿Van a enterrar a la bisabuela metida en una caja?

—Sí —afirmó Bobby—. Lo sé porque yo enterré a mi pájaro en una caja de cereales en el patio trasero de mi casa. Lo mismo hacen la mayoría de mis amigos cuando se mueren sus animales.

—Me gustaría saber si también enterraron a *Shamrock* —dijo Kate.

—Hay gente que lo hace y gente que no. Y no siempre de la misma manera —le explicó Bobby.

Ding, dong. Ding, dong. La comida estaba lista. Kate y sus primos corrieron hacia la casa desde todas las direcciones. Era la hora de lavarse las manos y de cambiarse la ropa sucia. Kate se puso un vestido muy bonito que le había comprado su madre. Luego, dándole el cepillo, le pidió que la peinara. Mientras su madre le desenredaba el pelo, Kate le hizo más preguntas.

—Bobby me ha contado que vamos a ir a un funeral y que enterrarán a la bisabuela metida dentro de una caja. ¿Por qué la van a enterrar? ¿Le dolerá? ¿Cómo podrá respirar dentro de la caja? ¿Y si quiere salir?

Su mamá dejó de cepillarla y la volvió hacia ella.

—El cuerpo de la bisabuela está en un ataúd de madera; pero, recuerda: el alma (todo lo que hace maravillosa a una persona) ya ha subido al Cielo llevada por los ángeles. El alma de la bisabuela no necesita respirar.

Lo importante es que te acuerdes de que no tienes que preocuparte

por las personas una vez que han muerto. Se van a un hermoso lugar

donde serán felices para siempre.

—Entonces, supongo que cuando se sube al Cielo ya no se puede

volver. ¿Es así? —preguntó Kate.

—Así es, Kate. **Te vas al Cielo cuando tu vida en la tierra termina.** Eso no significa que los

que se van al Cielo sean olvidados. Sus amigos y familiares siempre

los recuerdan. Y, de esta manera, viven en nosotros.

—¿Y la bisabuela está viva en ti? —preguntó Kate.

—Sí —contestó su madre—. Todo lo que aprendí de ella perma-

nece vivo en mí. Me enseñó que es muy importante amar a la fami-

lia, ser respetuosos con los demás y reírse mucho. Pero lo más im-

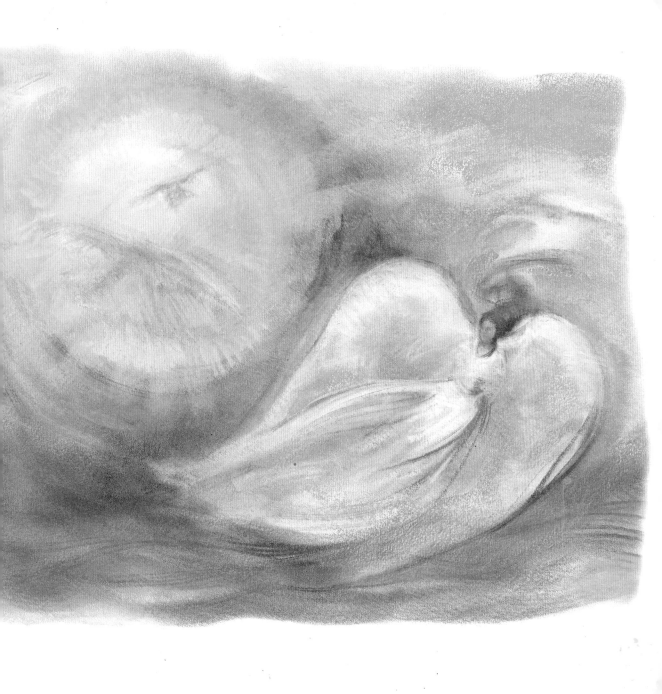

portante es que me enseñó a creer en mí misma.

—Eso es lo que tú me dices a mí —dijo Kate—. Y si de la bisabuela pasó a la abuela, de ella a ti y de ti a mí, ¡la bisabuela también está viva en mí!

Al día siguiente, Kate, su madre y su padre, algunos de sus primos y el resto de los mayores fueron al entierro de la bisabuela. Unos lloraban, otros se abrazaban y varios permanecían muy callados.

—Hay diferentes formas de expresar la tristeza —le explicó su mamá.

Después del entierro, volvieron en coche a casa de la bisabuela.

—¿Por qué la bisabuela parecía tan diferente? —preguntó Kate cuando llegaron—. No estaba como yo la recordaba.

—Porque sólo su cuerpo ha sido enterrado, ¿recuerdas? —le contestó su mamá—. Su vida, su alma, aquello que más nos gustaba de ella, ya está en el Cielo. Cuando pienses en la bisabuela, recuerda cómo disfrutaba contándote historias de cuando era una jovencita en Boston. Recuerda cómo tocaba el piano y canta-

ba para ti. Recuerda tus paseos con ella y la sabiduría que te transmitió. Piensa en todo ello cuando recuerdes a la bisabuela.

Los ojos de la madre de Kate se llenaron de lágrimas.

—¿Sabes, mamá? Creo que no deberías estar triste.

—Kate, es normal estar triste cuando alguien muere —le dijo su madre—. Llorar es normal. Echaré de menos a mi abuela. Echaré de menos hablar con ella y reír con ella. Echaré de menos su amor y su apoyo. Por eso estoy triste.

—Pero, mamá, la bisabuela está en el Cielo. Nunca más volverá a estar enferma en la cama. Puede jugar e ir a fiestas. Está en un lugar seguro, con las estrellas, con Dios, y con los ángeles y *Shamrock*. Y desde allí nos está mirando. Lo sé.

—Tienes razón, Kate —dijo su madre—. Es muy difícil decir adiós a alguien a quien quieres, aunque también es verdad que la tristeza no durará

siempre. Y me siento mejor sabiendo que ella se ha ido a un lugar tan mara-
villoso como el Cielo.

Kate sonrió, le dio un beso a su madre y se fue corriendo a jugar. Mientras se alejaba iba mirando hacia el Cielo, y dijo:

—Bisabuela, sé que estás ahí arriba y que puedes oírme. Quiero que
sepas que, aunque ya no estés aquí, **tu espíritu siempre vi-
virá en mí.**